课堂上的中医药知识
拓展阅读丛书

丛书主编·李　淳　崔云鹤

小神农养成记③

XIAO SHENNONG YANGCHENGJI

主　　编·陈晓玲
柳凯文
副主编·李玉坤

中医古籍出版社
Publishing House of Ancient Chinese Medical Books

图书在版编目（CIP）数据

小神农养成记．三 / 陈晓玲，柳凯文主编．— 北京：中医古籍出版社，2022.6

（“课堂上的中医药知识”拓展阅读丛书 / 李淳，崔云鹤主编）

ISBN 978-7-5152-2320-9

Ⅰ．①小…　Ⅱ．①陈…　②柳…　Ⅲ．①中国医药学—文化—小学—课外读物　Ⅳ．① G624.93

中国版本图书馆 CIP 数据核字（2021）第 154422 号

小神农养成记（三）

主　编　陈晓玲　柳凯文

副主编　李玉坤

策划编辑　张　欢

责任编辑　李　炎

封面设计　王　磊

插画设计　司小夕

出版发行　中医古籍出版社

社　　址　北京市东城区东直门内南小街 16 号（100700）

电　　话　010-64089446（总编室）010-64002949（发行部）

网　　址　www.zhongyiguji.com.cn

印　　刷　北京市泰锐印刷有限责任公司

开　　本　787mm×1092mm　1/16

印　　张　5

字　　数　60 千字

版　　次　2022 年 6 月第 1 版　2022 年 6 月第 1 次印刷

书　　号　ISBN 978-7-5152-2320-9

定　　价　38.00 元

编委会

树仁爱为怀之心，立济世救人之志。《小神农养成记》传承国医，从娃娃抓起。

九九叟书　路志正

国医大师路志正为小读者题写寄语

人生如药，做药如做人。《小神农养成记》带领孩子们走进中药的世界，开蒙启智，明理润心。

金世元

国医大师金世元为小读者题写寄语

中医药学博大精深，故学医者必当多读书，重视学习各具特色的学术流派。孩子是祖国的希望与未来，要引导他们学习中医、应用中医，传承中医仁心仁术，弘扬中医博大文化。

余瀛鳌

国医大师余瀛鳌为小读者题写寄语

序言

中医药学是中华民族在生存、发展过程中与疾病作斗争的实践经验总结，其历经五千余载，博大精深，是世界唯一全面系统继承的传统医药学，是中国古代科学的瑰宝，也是打开中华文明宝库的钥匙。

随着中华民族的伟大复兴，实施文化强国与全民健康战略，中医药学迎来了天时、地利、人和这一前所未有的发展机遇期。特别是新冠肺炎疫情出现以来，中医药全面参与疫情防控救治，显示出其独特优势，成为抗击新冠肺炎疫情“中国方案”的一大特色。

中医药要发展，首先要重视传承，并要在传承的基础上创新。青少年是祖国的未来和希望，加强对青少年的传统文化教育，有利于中华优秀传统文化的思想观念和美德情操滋润青少年心灵、陶冶青少年心智、助力青少年成长。

北宋张载曾说：“为天地立心，为生民立命，为往圣继绝学，为万世开太平。”此应是当今吾辈的崇高信仰，也应是青少年从小就树立的理想和信念。“为天地立心”，“心”是宇宙时空的心，涵化为童心、仁心、天心。童心，返璞归真，回归本真之我；仁心，良知恻隐之心，仁德纯素体现人生真善美之心；天心，认知天地人神一体互动，宇宙寥廓幽玄，天人合德，物我合一，知行合一，道通为一，立“一”以贯之的宇宙观。“为生民立命”，“命”是生灵万物之根本，生命至上，医者以人为本，抗疫救灾疗伤治病，救民于水火，仁爱精神至尊至伟。“为往圣继绝学”，以历史范畴重始源，复兴国学回归象思维，传承精华，本固枝荣根深叶茂，净化强化创新的内驱力而嘉惠医林。“为万世开太平”，和而不同、生生不息、厚德载物，振兴中华，寻索中和大同之美、美美与共的理想境界。追求社会的和谐，动静有序守静颐安，弘扬中国大成智慧。

“少年智则国智，少年强则国强。”小学教育是起点的教育、基础的教育，也是全面影响一个人知识与能力、情感态度与价值观的教育，它决定着一个人成长发展的底色与底蕴。中医药是中华民族几千年生生不息、护佑健康的法宝，蕴含了深邃的哲学思想，体现了中国人修身养性的理念方法，是流淌于中国人血液里的文化基因。在数千年发展演变的历史中，中医药以其有效性、科学性、简便性、可操作性得到人民的认可。因此，将其作为中国文化宣传的载体，根植于青少年心中是实现文化自信、建设社会主义文化强国的重要举措。对广大儿童和青少年做好有效的中医药文化教育工作，是中医药文化得到认同，并得以创造性转化和创新性发展的关键所在。

本丛书以寓教于乐的形式向孩子们介绍了中医药知识和文化，使他们从小能够耳濡目染、接受熏陶。愿通过这套丛书的阅读，在孩子们的心灵上播撒下中医药启蒙的种子，提高他们的中医养生保健意识，养成良好的健康生活习惯，从小建立“信中医、爱中医、用中医”的思想理念，激发、唤醒他们的民族文化自觉自信，为中华民族的伟大复兴培养合格的接班人。

中央文史研究馆馆员

中国工程院院士 王永炎

中国中医科学院名誉院长

前言

中华文化源远流长、灿烂辉煌。在五千多年文明发展中孕育出的中华优秀传统文化，积淀着中华民族最深沉的精神追求，代表着中华民族独特的精神标识，是中华民族生生不息、发展壮大的丰厚滋养，是中国特色社会主义植根的文化沃土，是当代中国发展的突出优势，对延续和发展中华文明、促进人类文明进步，发挥着重要作用。

党的十八大以来，以习近平同志为核心的党中央高度重视弘扬中华优秀传统文化。2017 年 1 月 25 日，中共中央办公厅、国务院办公厅印发了《关于实施中华优秀传统文化传承发展工程的意见》(以下简称《意见》)。《意见》指出："以幼儿、小学、中学教材为重点，构建中华文化课程和教材体系。编写中华文化幼儿读物，开展'少年传承中华传统美德'系列教育活动，创作系列绘本、童谣、儿歌、动画等。修订中小学道德与法治、语文、历史等课程教材。"中医药学是中国古代科学的瑰宝，也是打开中华文明宝库的钥匙。《中共中央 国务院关于促进中医药传承创新发展的意见》明确指出，实施中医药文化传播行动，把中医药文化贯穿国民教育始终，在中小学进一步丰富中医药文化教育，使中医药成为群众促进健康的文化自觉。

围绕“立德树人”这一根本任务，遵循学生认知规律和教育教学规律，“‘课堂上的中医药知识’拓展阅读丛书”通过分析北京市小学生1至6年级各科课本，根据不同年级小学生理解能力及各年级学科分布情况设计编写，选择了30味课本中出现过的常用中药材，例如山楂、菊花、蒲公英等。本丛书共分为3册，每册书讲解10味生活中常见的中药材，分“创建我的百草园”“实习郎中养成记”“穿越时空认识你”3个板块介绍中医药科学知识、中医药诊疗知识和中医药相关产品的制作，以及历代中医药学家的名人轶事，让同学们零距离感受中医药的魅力，着重培养同学们的日常观察能力，从生活中学习、认识中医药，培养对中医药的热情和兴趣。

本丛书为中国中医科学院科技创新工程重大攻关项目“中医文化学科”研究成果。中国中医科学院科技创新工程是面向国家需求、世界科学前沿以及科学院发展的重大工程，旨在通过项目推动将科学院打造成具有世界影响力的传统医药科研基地。“中医文化学科”作为科技创新工程重大攻关项目的试点学科，旨在以中医药传统知识保护工作为抓手，真正让中医文化学科成为中医药传承创新发展的源头活水，不断提升中医药的服务能力和水平，为健康中国和全人类健康服务。

本丛书的出版得到了数位中医界泰斗的大力支持，国医大师路志正、金世元、余瀛鳌亲笔为丛书题写寄语，中国工程院院士王永炎亲自为丛书作序，体现了老一辈中医人对广大青少年寄予厚望，企盼岐黄之术薪火相传，期待他们能利用好中医药学这把打开中华文明宝库的钥匙，在日常学习和生活中积极践行“健康中国”理念，从小形成促进国民健康的文化自觉。

本系列丛书在编写过程中进行了深入的研究和探讨，虽几经修改，仍不免有疏漏和不足之处，恳请各位老师、同学、家长指正，以便再版时修订提高。

丛书编委会

2021年9月

目录

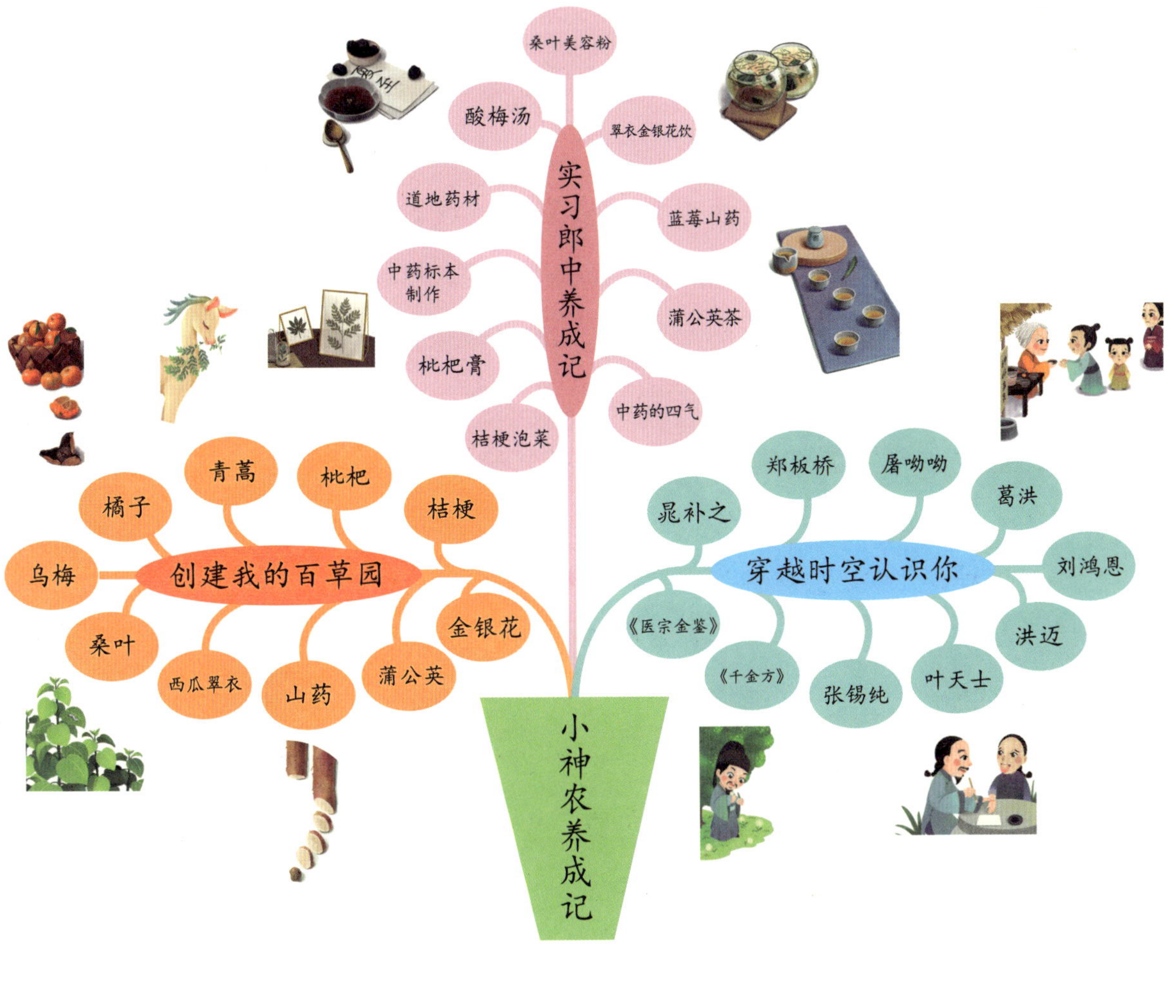
小神农养成记
实习郎中养成记
桑叶美容粉
酸梅汤
翠衣金银花饮
道地药材
蓝莓山药
中药标本制作
蒲公英茶
枇杷膏
中药的四气
桔梗泡菜
创建我的百草园
橘子
青蒿
枇杷
桔梗
乌梅
金银花
桑叶
西瓜翠衣
山药
蒲公英
穿越时空认识你
晁补之
郑板桥
屠呦呦
葛洪
刘鸿恩
洪迈
叶天士
张锡纯
《千金方》
《医宗金鉴》

桔梗

创建我的百草园

提到桔梗，同学们首先想到的是不是韩国烤肉店的桔梗泡菜？为什么吃烤肉要搭配桔梗泡菜呢？因为桔梗腌制成泡菜后酸中带辣，滋味诱人，能够促进唾液、胃液分泌，会让人产生食欲大增、胃口大开的感觉，同时桔梗中含有丰富的膳食纤维，能够加快肠胃蠕动，促进食物的消化与吸收。

桔梗是一味重要的中药材，具有化痰止咳、利咽宣肺的功效。在临床上，如果出现咳嗽痰多、胸闷不舒服的症状，大夫经常会开这味药。

桔梗在我国分布广泛，它的炮制（将中草药原料制成药物）过程也非常简单。在春、秋两季采摘，将新鲜的桔梗根晒干，切成小段就可以了。但是桔梗有小毒，一定不要自己乱用哦！

有模有样

留下你采集的药物标本或者画出你心中的药物模样。

实习郎中养成记

桔梗是临床常用的一味中药材，能够治疗咳嗽痰多、咽喉肿痛、声音嘶哑等肺部疾病。生活中常见的止咳糖浆，桔梗便是其中的重要成分之一。朝鲜族最擅长制作各类爽口泡菜，下面就教同学们制作桔梗泡菜。

准备桔梗、盐、白醋、白糖、辣椒粉、蒜泥。

科学探究

在显微镜下观察桔梗粉末，是否能看到菊糖？

1. 将新鲜的桔梗去皮，切成条状。
2. 将桔梗条放入清水中浸泡 4 ~ 5 个小时，以去除桔梗本身的苦涩。
3. 将泡好的桔梗条去掉多余的水分，放在干净的盆中。
4. 加入适量的盐、白醋、白糖，根据个人口味放入辣椒粉和蒜泥。
5. 搅拌均匀即可食用。

这么简单，一道爽口小菜就做成啦！

所思所想

小郎中，写下你在制作过程中的有趣故事吧。

穿越时空认识你

北宋一朝可谓是桔梗的辉煌时代，上至皇帝，下至平民百姓，无一不用桔梗煮汤，饮之以调寒热，清肺去火。

北宋大文豪苏东坡被贬之后，其门生晁补之因身为“苏门四学士”之一而被牵连入狱。狱中生活条件极苦，饥冷交迫加之感染风寒，晁补之患上肺痨。病中的晁补之想到了桔梗，他作诗道：“肺病恶寒望劝酬，桔梗作汤良可沃。”身患肺病的诗人，虽憧憬着朋友再度聚会觥筹交错的热闹，但此刻却盼望着如能有一碗桔梗汤来滋养身体，慰藉心灵足矣。

桔梗的存在给了失意之际的晁补之许多心灵上的慰藉。宋仁宗皇帝更是亲自将古时的桔梗汤配方加以改良，添入几味药材，命名为“如圣汤”，至今仍在沿用。

北宋的哪位皇帝对桔梗情有独钟，创立了“如圣汤”

哪些诗句中写到了桔梗

枇杷

创建我的百草园

“枇杷不是此琵琶，只怨当年识字差。若是琵琶能结果，满城箫管尽开花。”一首风趣幽默的打油诗将水果枇杷与乐器琵琶联系起来。事实上，二者之间真有一定的渊源。琵琶本是游牧民族的乐器，秦时传入中原，因其手势外推为批，内收为把，故名“批把”，又以琴身木质，从木而作“枇杷”，同一时期，人们把一种形似乐器“枇杷”的水果也称作“枇杷”。到了汉朝末年，专门用于乐器的名词“琵琶”最终确定下来，而“枇杷”则成了水果的专名。

提到枇杷，就不得不说一下它“集四时之气”的特点。枇杷在秋末、初冬时开花，而至春夏之际果子才会成熟，果实的成长经历了四季。中医认为，枇杷真正能入药的并非枇杷果，而是枇杷叶，它可以清肺热、降胃气，对烦躁、口渴也有助益。与枇杷叶相比，枇杷果的功效则偏弱，恰好可用于食补，作为平日保养、调养体质之用。

有模有样

留下你采集的药物标本或者画出你心中的药物模样。

实习郎中养成记

随着秋高气爽、天高云淡的最美季节来临，带着丝丝寒意的初冬正慢慢走近。此时的人们最容易受凉，出现感冒、咳嗽的症状，在家里备上一份枇杷膏可以说正是时候。

准备新鲜枇杷 7 斤，川贝粉 50 克，白砂糖 250 克。

1. 新鲜枇杷去皮、去核，用水将枇杷果肉洗净。
2. 将枇杷果肉捣碎至流汁状，随后放入细孔纱布中，挤出枇杷汁。
3. 把枇杷汁倒入锅中，煮至微沸，将锅中浮起的白色悬浮物捞出。
4. 继续熬煮，锅中不再出现白色悬浮物，即可倒入用凉开水调好的川贝粉，稍煮十分钟后，倒入白砂糖，不停搅拌。

5 待枇杷汁收至呈微浓膏状即可装瓶。

食用时用干净的勺子挖取含服，或用温水冲服，早晚各一次，每次一勺，可按个人口味适当增减用量，也可涂抹面包。因其内含白砂糖，三高人群禁食，6岁以下的幼儿禁食。

所思所想

小郎中，写下你在制作过程中的有趣故事吧。

穿越时空认识你

枇杷，在我国岭南地区很是常见，使用也十分广泛，很多具有止咳功效的凉茶、成药配方中都会用到它。枇杷不仅清香味甜，还能帮助消化，祛湿解暑。枇杷叶更是不可多得的天然润肺止咳良药，它与清朝书画家、文学家郑板桥之间还有一段故事呢！

郑板桥晚年身体不好，久居乡间茅舍。一年冬天，郑板桥突然患了咳嗽，他嫌汤药味苦不按时服用，使得疾病反反复复，总是不能痊愈。一日，郑板桥在庭院散步，刚好家里的茶叶喝完了，新的茶叶还未买回。他见庭院内的枇杷树枝叶翠绿，随手摘了几片枇杷叶，抹去叶上的白毛，投入杯中当茶饮用，谁知饮后不久咳嗽竟有好转，连饮数日，咳嗽竟痊愈了。

其实，枇杷叶治好郑板桥的咳嗽绝非偶然，汉末药学著作《名医别录》中便曾提到枇杷叶能“疗卒啘（yuē）不止，下气”（治疗干呕不止，有下气的功效），实乃不可多得的天然止咳药。

为什么说枇杷集四时之气？

作为“扬州八怪”的代表人物，郑板桥在哪些方面的成就被世人称为“三绝”？

青蒿

创建我的百草园

早在《诗经》中，便有关于青蒿的记载：“呦呦鹿鸣，食野之蒿，我有嘉宾，德音孔昭。”青蒿遍布我国大江南北，因其适应环境的能力较强，故道路边、田埂头、溪流边到处都可见到青蒿的身影，它们一丛丛、一簇簇，或裸露在地表，或虚掩在草丛，或挤在石缝间，以自己顽强的生命力书写着植物的毅力和韧劲。

中医认为，青蒿性寒，味微苦，具有一定的保肝作用，药材选择上以色青绿、鲜嫩、未开花、气味浓者为佳。青蒿香味浓郁，轻清透散，还具有解暑的功效，既可以煎煮入药，又可以直接泡水喝，对人体有很多益处。

有模有样

留下你采集的药物标本或者画出你心中的药物模样。

实习郎中养成记

中药文化历史悠久，博大精深，不仅在古代中国独领风骚，在当今世界也起着举足轻重的作用。通过制作药物标本，可以让同学们在爱药惜药之余，增强对中药的了解，掌握更多的中药知识，走进中医药，亲近中医药。

不同类型的中药有着不同的标本制作方法，今天，就让我们从药用植物开始，亲手制作一个药物标本吧！

1. 标本修剪：在保持植物形态完整的前提下，齐小枝基部和叶柄把重叠的枝叶减掉，去净根部泥土，去除枯叶。
2. 标本压制：保持植物形态不变，大部分叶面向上，少数叶背向上，平展地铺放在吸水纸上，一层层放好后，捆好标本夹。勤换吸水纸，一周左右标本即可压干。
3. 标本装订：将消过毒的标本粘到台纸上，用细白线固定，贴好标签，一个既美观又实用的药用植物标本就做好了。

所思所想

小郎中，写下你在制作过程中的有趣故事吧。

穿越时空认识你

2015年10月5日，中国因为一个重磅消息举国沸腾——我国著名药学家屠呦呦因成功提取青蒿素用于疟疾治疗获得2015年度诺贝尔生理学或医学奖，成为我国首位获得该奖项的女科学家。青蒿素的发现为全人类抗击疟疾做出了卓越贡献，青蒿也因此备受世人瞩目，而屠呦呦和青蒿素的故事，还要从1969年说起。

1969年，国内疟疾横行，为了对抗这一重大传染病，国家启动523项目，任命屠呦呦为组长。在研究的第一阶段，屠呦呦团队收集了2000余个药方，并从中选取200味中药，共提取了380余种提取物，然而进展甚微。屠呦呦翻阅大量中医典籍，在看到《肘后备急方》中关于“青蒿一握，以水二升渍，绞取汁，尽服之”（取一把新鲜的青蒿，用两升水浸泡，榨取汁液，一口气喝下去）的记载时，大受启发——提取应通过“绞汁”而不是传统的煎煮方式，因为高温会破坏青蒿的抗疟效果。最终，屠呦呦团队选用了沸点较低的乙醚，在低温下成功提取了青蒿素。目前青蒿素仍是世界上治疗疟疾效果最好的药物，现已被用于新型抗疟药的研制中。

虽然少量的青蒿素就能治疗疟疾，但青蒿素的发现和提取却并不容易，经历了无数次的失败和以身试药。面对荣誉，屠呦呦说“这是中医药给世界的一个礼物”。青蒿，这一来源于中医的古老智慧，为全世界人民换取了更多生的希望。

青蒿素是以什么方式被提取出来的

屠呦呦从哪本中医典籍中获得了启发

橘子

创建我的百草园

橘子我们再熟悉不过了，它是秋冬常见的水果，尤其过年的时候，长辈们都喜欢拿沙糖橘来招待客人，既好剥又好吃。

同学们可否知道橘子也是一味重要的中药，尤其是橘皮。但橘皮需要经过长期的干燥储存才能入药，储存时间不足三年的只能称为果皮或橘皮，超过三年的才能称为陈皮。民间常说“一两陈皮，一两金”。陈皮不仅价比黄金，随着储存时间的延长，还会变得越发甘、香、醇，药用价值也会更高。作为一味理气要药，陈皮能够治疗脾胃气滞、湿阻中焦、恶心呕吐等症状。

除了橘皮，橘肉也可以入药。橘子性温，对咳嗽、痰多、食欲不佳、胃肠胀气、口渴等疗效颇佳。同学们，如果你的身边有人咳嗽，可以告诉他们：“吃点橘子吧！能缓解咳嗽的。”不过，再好吃的东西也不能贪多，适量即可。

有模有样

留下你采集的药物标本或者画出你心中的药物模样。

实习郎中养成记

同学们，你们还记得《晏子使楚》中的成语“南橘北枳”吗？它用来比喻环境变了，事物的性质也变了。中医也非常注重环境的影响，看病时治疗方案会因地制宜，药材选用也会选择“道地药材”。今天，我们就来给道地药材开一个“中药运动会”，看看参赛选手都有谁！

川药组：主产地四川、西藏。

参赛选手：川贝母、川牛膝、川楝子、黄连、附子、红花、冬虫夏草等。

广药组：主产地广东、广西、海南、台湾。

参赛选手：广藿香、广金钱草、益智仁、广陈皮、广豆根、巴戟天、槟榔等。

怀药组：主产地河南。

参赛选手：著名的四大怀药——地黄、牛膝、山药、菊花，天花粉、瓜蒌、白芷、辛夷、红花、金银花、山茱萸等。

浙药组：主产地浙江。

参赛选手：著名的浙八味——浙贝母、白术、延胡索、山茱萸、玄参、杭白芍、杭菊花、杭麦冬，杭白芷、乌梅、莪术等。

随着气候、海拔、水源等地理环境的变化，中药的性味归经也会受到不同程度的影响。比赛即将开始，究竟哪个队伍能名列前茅，夺得头彩呢？让我们拭目以待吧。

所思所想

小郎中，通过学习新知识，你得到了什么启发？

穿越时空认识你

葛洪是东晋时期著名的医药学家，著有多部医学书籍。其中，最有名的《肘后备急方》给了屠呦呦奶奶发现青蒿素的灵感，让屠奶奶荣获了诺贝尔奖。葛洪写的另一本书《神仙传·苏仙公传》中还记载有一个“橘井泉香”的神话故事。

相传，汉文帝时期，湖南郴州人苏耽，笃好养生之术，修仙得道，人称苏仙。某日，苏耽有事外出，需三年方回。临行前他告诉年迈的母亲：“明年天下将有瘟疫流行，到时候会有很多人前来求救，母亲只需取庭院里的井水一升，摘橘叶一片，煎汤后让病人服下便可治愈。”第二年，果然不出苏耽所料，天下瘟疫横行，苏耽的母亲在井边搭起药棚，上挂写有“神仙显灵”的木牌，来求医的病人都在此排队领取橘叶和井水，许多人因此而得救，也给医学史上留下了这段“橘井泉香”的佳话。

橘子都有哪些食用方法?

“橘井泉香”的典故出自葛洪的哪部书?

乌梅

创建我的百草园

《三国演义》中有一个“望梅止渴”的典故，这里的梅，说的是青梅。初夏正是采摘青梅的最佳时节，刚刚采摘下来的青梅味道酸涩，难以食用，但经过劳动人民智慧的双手加工炮制后，便成了许多人心爱的零食——乌梅。

乌梅的加工炮制过程并不复杂，新鲜的青梅采摘下来之后，按照大小不同，分别进行低温烘干，使果皮、果肉中的水分蒸发，从而变得干燥均匀。一般来说，烘干过程需要 2 ~ 3 昼夜，果肉呈黄褐色起皱皮者为佳。烘干后再闷 2 ~ 3 天，待全部变成黑色即成了乌梅。

中医认为，乌梅有止痛止泻的功效，因其味酸，故有很强的收涩作用，是治疗蛔虫腹痛和长期腹泻的常用药，对预防肠道传染病也十分有效。

有模有样

留下你采集的药物标本或者画出你心中的药物模样。

实习郎中养成记

酸梅汤作为中国人民传统的消暑饮品，就是以乌梅为主制作而成的汤饮。在炎炎夏日，喝一杯酸梅汤可以立即祛除夏日里的烦闷，梅子的酸味更是令人满口生津，冰凉的感觉沁人心脾。

准备乌梅 100 克，山楂 100 克，甘草 10 克，糖桂花 5 克，冰糖适量。

1. 将乌梅、山楂、甘草放入清水中浸泡。
2. 在砂锅中加入 1000 克的清水，把泡好的乌梅、山楂、甘草一起放入锅中，大火烧开后，再改小火煮 30 分钟。
3. 在锅中加入适量冰糖，小火再煮 10 分钟左右。
4. 晾凉后加入一小勺糖桂花，搅拌均匀即成。

酸梅汤酸甜可口，是老少皆宜的夏日饮品。不仅可以解暑，还有开胃解腻的效果。但肠胃不好的人尽量不要喝冰镇酸梅汤，以免引起腹痛、腹泻等。

所思所想

小郎中，写下你在制作过程中的有趣故事吧。

穿越时空认识你

儒学与医学是相通的。在古代，“学而优则仕”的士大夫们，大都懂得一些岐黄之术，清代名医刘鸿恩便是其中一位。刘鸿恩对乌梅情有独钟，称乌梅为“排难解纷之佳士，肝木脾土之救星”。

在官宦家庭熏陶下，刘鸿恩自小便立志通过科举考试来实现自己的远大抱负。鉴于自己体弱多病，他便有意识地阅读《黄帝内经》《伤寒论》《金匮要略》等医学著作，以此来强健身体。晚年刘鸿恩辞官还乡，更是潜心研究医理拟方服用，治愈了困扰自己30多年的牙疼顽疾。

在学医的过程中，刘鸿恩发现清代以前医籍只认为乌梅有止痢、止泻、止嗽、止血等功效，存在一定的局限性。于是他不断深入研究乌梅的功用，并潜心编撰了《医门八法》一书，此书可谓是历代医书中唯一一本关于乌梅的专书。书中有一个名方“独梅汤”，只取乌梅一味煎汤，加白糖冲服，凡因肝血不足等所致的泄泻、吐血、咳嗽、发热、噎嗝等均可服用。

在《医门八法》收录的62种杂病中，有52种选用了乌梅。刘鸿恩因喜用、善用乌梅治疗内科杂病，被世人称为“乌梅先生”而名噪中原。

"望梅止渴"的典故是哪本名著中记载的？

刘鸿恩为什么被称为"乌梅先生"？

桑叶

创建我的百草园

从古代传说中的神树“扶桑树”，到落地生根的“桑蚕文化”，桑树可以称得上是华夏大地的代表性树木了。栽桑、养蚕、缫丝、织绸均起源于中国，早在甲骨文中就有“蚕”“桑”“丝”等字的出现，说明在商代以前，黄河中下游的中原地区就已经开始栽植桑树了。

桑叶，不仅是蚕宝宝的主要食物，是桑农的心头好，更是中医大夫手里的“灵丹妙药”。《本草纲目》中就有“桑叶可常服，神仙服食方”的记载。桑叶喂蚕宜嫩，入药则宜老，且桑叶采收时间不同，功效也有较大差别。桑叶讲究“经霜”，故中医大夫的处方中常出现“霜桑叶”“冬桑叶”等字眼。若经过进一步的加工炮制，将桑叶用蜂蜜拌炒，便可成就一味凉润补肺的妙药——蜜炙桑叶。

有模有样

留下你采集的药物标本或者画出你心中的药物模样。

实习郎中养成记

桑叶具有疏散风热、祛斑润燥的功效，中医大夫多用它治疗荨麻疹、痤疮、扁平疣、面部色斑等损容性疾病。但因其性寒，单独长期服用易损伤脾胃，故常配合其他药物共同服用，以减弱其寒性。下面就为同学们介绍一个美容养颜方——桑叶美容粉。

准备霜桑叶 100 克，当归 100 克，核桃仁 200 克，黑芝麻 300 克，红糖 300 克。

1. 将霜桑叶和当归清洗后焙干，研磨成粉，放入碗中备用。
2. 把核桃仁和黑芝麻倒入锅中，小火炒熟，研磨成粉，也放入碗中备用。
3. 将上 4 味药的药粉倒在一起，加入红糖搅拌均匀。
4. 放置在阴凉干燥处保存，取出即可食用。

每日早、中、晚饭前各服一平匙，约 10 克，温开水送服。

所思所想

小郎中，写下你在制作过程中的有趣故事吧。

穿越时空认识你

从古至今，民间从不缺桑叶的妙用，南宋洪迈创作的《夷坚志》中就记载了一个关于桑叶的小故事。

宋朝的一个深秋，严山寺来了一位游僧，人非常瘦弱，胃口也非常差，晚上睡觉浑身出汗，天亮起床，衣裳都会湿透。二十年来他四处云游寻医问药也没有效果，对治好自己的病早已丧失了希望。

一天，严山寺的寺监对游僧说："我有一个药方非常灵验，可以治好你的病，三天就可以见效。"游僧听后半信半疑地问寺监是什么药方如此神奇。寺监继续说到："这个方子非常简单，就是一味桑叶，但要趁着有霜的时候采下来，烘干后碾成细末。每天只需要取一小勺，早饭的时候拌到温米粥中调服，很快就可以痊愈。"游僧虽不太相信，但愿意尝试一下，第二天就照做了。没想到，连服三天后，困扰游僧二十多年的旧疾竟然真的好了。

桑叶都有哪些功效？

入药的桑叶对采摘时机有什么讲究？

西瓜翠衣

创建我的百草园

提起夏天，同学们会想到什么呢？阳光、沙滩、浴场、暑假……夏天的元素里一定也少不了西瓜吧。酷热的盛夏，吃上一块冰镇西瓜，既解暑又解渴，绝对是最清爽的选择。

但同学们吃过西瓜皮吗？平时生活中，我们都是吃西瓜红色的瓤，吐出西瓜籽，剩下西瓜皮。殊不知西瓜皮也是可以食用的，它不仅味道可口，还有药用功效。作为中药的西瓜皮还有个好听的名字——西瓜翠衣。

中药大多都是苦的，可西瓜翠衣却是甘甜的，具有解暑、清热、除烦的功效，既能防治中暑，还能治疗因上火导致的口舌生疮。我们不禁感叹大自然的造物神奇，让西瓜这样清凉的水果出现在夏季，来缓解人们难耐的暑热。

有模有样

留下你采集的药物标本或者画出你心中的药物模样。

实习郎中养成记

西瓜翠衣既是治病良药，又可作为食材，只要稍加烹饪，就能为我们的餐桌增加几道清凉爽口又别具特色的美味，如凉拌西瓜皮、瓜皮饺子等。下面，就让我们一起动手烹饪西瓜翠衣，做一道消暑的美味——翠衣金银花饮吧！

准备西瓜皮 200 克，金银花 9 克，白糖 30 克。

1 将西瓜皮洗净切碎，金银花洗净。

2 将西瓜皮和金银花一起放入锅内，加适量水，用中火煎煮30分钟，滤渣取汁。

3 加入白糖，即制成美味爽口的翠衣金银花饮。

夏季高温，人们若出现心烦口渴、咽喉肿痛等症状，即可服用这款消夏饮品。

所思所想

小郎中，写下你在制作过程中的有趣故事吧。

穿越时空认识你

清代名医叶天士是温病学派的代表人物，其祖父和父亲都是当地的名医。叶天士自幼随父亲学医，父亲去世后他又四处拜访名医，终成一代医界翘楚。叶天士善用轻灵短小的方子治愈严重的疾病，从他这种“四两拨千斤”的高超医术中，我们可以窥见他当年叱咤医坛的潇洒。叶天士去世后，他的学生将其方药治验集为一书，取名《临证指南医案》，成为一笔真正泽被后世的宝贵财富。

虽然很早就有医家将西瓜皮入药，但首次将“西瓜翠衣”作为中药材名称的，却是在《临证指南医案》中，而西瓜翠衣也在叶天士的妙手中发挥了独特的功效。

书中载有这样一则医案：一位患者因有急事在身，不顾天气炎热，冒着酷暑赶路。到了目的地还没等气息平复，就大口大口地喝酒解渴。辛热的酒气不断向上窜，致使患者气息郁结在胸，从胸部到腹部都出现气结，腹泻且全身疼痛。找了几位大夫都用发汗的方式让患者体内的热散掉，却收效甚微，症状一直反复。叶天士在查看过患者的舌象后，认为无非是暑天感受了暑湿邪气，由肺部开始遍及全身。稍加思索，便选用西瓜翠衣来解暑热、渗暑湿；合用通草、大豆黄卷、薏苡仁，清肺祛湿。服用之后，患者的病情得到了很大改善，身体很快恢复。

"西瓜翠衣"这个名字最早出现在哪本医书中？

西瓜翠衣有哪些功效？

山药

创建我的百草园

山药，一年生的草本藤类植物，是日常生活中最常见的中药之一。山药茎软，叶片呈狭长的心形，需要攀附其他植物而生长，果实便是常常被制成糖葫芦的“山药豆”，我们平时食用的山药，则是山药茎与根之间膨大的块茎。自初春播种，到秋日收获，阳光、土壤、水和时间共同孕育出了美味的山药。

山药常常作为食物出现在我们的餐桌上，可它的功效却不容小觑。早在明代，李时珍就在《本草纲目》中指出山药能够“益肾气、健脾胃”。中医认为，山药是益肺、健脾、补肾的佳品。山药汁液的主要成分是黏蛋白，能够保持血管弹性，还有润肺止咳的功效，对于体质虚弱、食欲不佳、慢性咳嗽的人来说，是非常适合食用山药的。

有模有样

留下你采集的药物标本或者画出你心中的药物模样。

实习郎中养成记

山药是我们日常餐桌上常见的美味，富含营养和膳食纤维，广受大众的喜爱。下面教同学们制作一道在餐厅里广受欢迎的甜品——蓝莓山药。

准备山药一根、蓝莓果酱两汤匙。

1. 戴上橡胶手套，洗去山药外皮上的泥土，让家长帮忙把山药皮削掉，并冲洗干净。
2. 将山药放入盘中，再放到蒸屉上，水烧开后蒸20~30分钟。用筷子戳一戳，如果轻松就能戳透，即可关火，将山药取出，稍微放凉。

3 用勺子将山药压成细腻的泥，一定不要留有山药块，否则会影响口感。

4 拿出模具或者裱花袋，也可以直接用手捏出自己喜欢的形状。

5 将捏好形状的山药放入盘子中，浇上蓝莓果酱，好看又美味的蓝莓山药就做好啦！

所思所想

小郎中，写下你在制作过程中的有趣故事吧。

穿越时空认识你

山药绝对是最具代表性的药食同源食物，就算是治病，它都能以一种美食的身份出现。今天分享一个近现代中医泰斗张锡纯《医学衷中参西录》中的方子——薯蓣饮。

张锡纯是中西医汇通学派的代表人物之一，他不仅中医学得好，西医学得也很好，治病能够将两种医学融会贯通，效果更佳。张锡纯在沈阳创办了我国第一间中医医院——立达中医院，后来又在天津创立了国医函授学校，培养了不少中医人才。

一日，一位男子来找张锡纯，说妻子生完孩子后突然全身发热、咳喘不止、大汗淋漓，已经生命垂危了，请了很多大夫都束手无策。张锡纯听后也有点担心，但他从来都不是一个袖手旁观的人，马上跟着这位男子去出诊。到了患者家中发现产妇已经奄奄一息了，诊脉之后张锡纯马上叫男子找来生山药煮汤，慢慢喂产妇喝下，喝完后加水再煮，一整天都让产妇喝这个山药汤，第二天再换新的山药继续煮汤喝。令人想不到的是，这位产妇的情况一天比一天好，没过几天竟然痊愈了。

张锡纯使用只有一味药的薯蓣饮，就药到病除，是不是很神奇？因为这位产妇生完孩子后身体太虚弱了，山药益肾气、健脾胃的功效能够帮助她虚弱的身体快速恢复体能。

我国第一间中医医院叫什么名字？

张锡纯是中医什么学派的代表人物？

蒲公英

创建我的百草园

宋朝诗人薛田在《成都书事百韵》中曾用“地丁叶嫩和岚采，天蓼芽新入粉煎”的诗句赞美了一种名叫“地丁”的植物。同学们可能不知道地丁，但若说出它另一个耳熟能详的名字——蒲公英，肯定会惊讶地喊出“原来是它”！在大千世界的植物中，蒲公英算是最不挑剔的那一个了，不管是山坡、草地，还是路边、田野，甚至是河滩、沙地，都可以见到它们小小的身影。春夏时分，当蒲公英撑开毛茸茸的小伞球时，可忙坏了顽皮的孩子们，他们一个个鼓足了腮帮子，都想一股脑儿把眼前的这颗伞球吹上蓝天。

细心的同学可能会发现，在折断蒲公英的花茎之后，断口处会流出乳白色的汁液。据民间验方说，取蒲公英的汁液在瘊子上反复涂抹，每天涂1～2次，十天左右瘊子就会自行消失。中医认为，蒲公英全株均可入药，从它埋藏在土里的根，到它的叶、茎、花，都有治疗疾病的作用，又因它的药效显著，使用广泛，故获得了“药草皇后”的美誉。

有模有样

留下你采集的药物标本或者画出你心中的药物模样。

实习郎中养成记

同学们，让我们一起去田野间寻找蒲公英吧！蒲公英是中国人最熟悉的中药材之一，也是老百姓夏天常泡的一款代茶饮。蒲公英茶具有清热解毒、利尿祛湿的功效。

蒲公英药性十分寒凉，是中药界中典型的“冰美人儿”，服用稍有不慎就可能被它伤害到。但是对于平时火气较大的人来说，喝点蒲公英茶却如同久旱逢甘霖。下面就来教同学们制作这道降火茶。

1. 采摘：新鲜的蒲公英连根带叶一起拔取。
2. 清洗：将蒲公英叶子和根部用流动的清水冲洗干净，特别是根部带有较多泥沙，一定要反复清洗。
3. 蒸制：蒸锅里倒入清水，水烧开后在蒸屉中放入清洗干净的蒲公英，蒸3～5分钟。

4 晒干：将蒸好的蒲公英放在太阳底下曝晒，直至大部分水分都挥发掉。切记不能阴干，否则蒲公英的叶子会烂掉。

5 炒制：将晒干的蒲公英叶子和根用剪刀剪成小段，倒入烧热的锅里翻炒，注意要不停翻动。当炒到蒲公英叶子翻卷、有茶香味飘出时即可盛出，待放凉后就可以当茶饮用了。

同学们要注意哦，蒲公英茶只能热饮，放凉了喝会腹泻的。每次冲泡量也不宜太多，300 毫升的水放 2 ~ 3 克蒲公英茶就可以了。

所思所想

小郎中，写下你在制作过程中的有趣故事吧。

穿越时空认识你

在唐代，出版了一本影响后世的中医经典著作，它整理了唐以前的重要医方，是一本综合性临床医书，被誉为中国最早的医学百科全书。今天就让我们一起走进这本经典著作——《千金方》，感受它的神奇与伟大。

《千金方》又称《备急千金要方》《千金要方》，约成书于永徽三年（652年），作者是唐代医学家孙思邈。《千金方》中记录了一个孙思邈与蒲公英的故事，故事虽短小，却蕴含着蒲公英的大作用。

贞观五年（631年）七月十五日夜，孙思邈左手中指不慎被庭院的木头划伤。第二天清晨受伤的地方未见好转，反而越来越疼。过了十天，疼得更加厉害了，并且有了很深的疮口，颜色就像煮熟的红小豆。孙思邈突然想起，曾经有长者说过将蒲公英茎部的汁液涂抹到伤口上可以治疗这种疮伤。于是，他采来蒲公英，折断花茎，将乳白色的汁液涂抹到伤口上，过了几天，伤口真的有好转，不到十天就完全愈合了。

同学们有用蒲公英的汁液紧急处理过伤口吗？玩耍、打球不慎摔倒留下小伤口，不妨摘一支蒲公英，将白汁涂抹在伤口上，看看有什么神奇的效果。

还有哪些诗句中提到了蒲公英？

《千金方》的作者是唐代哪位医学家？

金银花

创建我的百草园

给同学们出一个谜语“古城双色姐妹花，忍过寒冬人人夸”，答一中药名。

答案是：金银花。《本草纲目》中有记载：刚开的花瓣是白色的，经过两三天就会变成黄色。新花瓣和旧花瓣同在的时候，黄白相间，故称金银花，又被称为“双色姐妹花”。金银花具有清热解毒、消炎退肿的功效，在很多药方里都有出现，是一味非常常用的中药，在古代享有“药铺小神仙”的美誉。金银花无毒，《名医别录》中将其列为上品，有很好的治病、养生效果。

金银花还有个名字——忍冬。每当秋末气温降低，金银花老叶脱落后，叶腋间又会长出新叶，凌冬而不凋，正因为金银花具有这种坚强的品格，所以被称为忍冬。

有模有样

留下你采集的药物标本或者画出你心中的药物模样。

实习郎中养成记

金银花味甘、性寒。“味甘”容易理解，因为金银花尝起来有丝丝甜味，那“性寒”是什么意思呢？人有性格，食物也有自己的性格，“寒热温凉”四气和“酸苦甘辛咸”五味共同构成了食物的性格。今天我们就来简单聊一下“四气”。

《神农本草经》中说：“药有酸咸甘苦辛五味，又有寒热温凉四气。”这是有关药物性质的最早记载，即每味药物都有自己的四气五味，从而具有不同的治疗作用。寒热温凉四气，又称为中药的四性。寒与凉、温与热只是程度上的不同。通常，寒与凉的中药可以治疗热性疾病，温与热的中药可以治疗寒性疾病。如果中药的寒热属性均不明显，就称为“平”性。

科学探究

取口腔上皮细胞放入两个培养皿中，在一个培养皿中滴入金银花溶液，观察培养皿中细菌的变化，了解金银花杀菌的作用原理。

一般来说，蔬菜水果都是寒凉的，米面主食是平性的，肉类都是温热的。一方水土滋养一方食物。生长于南方的，或向阳而生的很多蔬菜水果都是温热的，如荔枝、榴莲、龙眼等；生活在水中的很多动物都是寒凉的，如虾、蟹、鸭子等。但这只是一般规律，并非定律。很多食物的整体寒热是平衡的，如橘肉是热的，橘络是凉的；生姜肉是热的，生姜皮是凉的。因此，吃橘子的时候，连着橘络一起吃才不会上火；做菜的时候，连着姜皮一起用，炒出来的菜才不会过于辛热。

所思所想

小郎中，通过学习新知识，你得到了什么启发？

穿越时空认识你

《医宗金鉴》是清朝乾隆年间由政府组织编纂，吴谦、刘裕铎担任总修官的一部医学丛书，《四库全书总目》称赞其“有图、有说、有歌诀，俾学者既易考求，又便诵习”，是学习岐黄医学的重要参考读物。

书中记载：在《医宗金鉴》中有一个由金银花组成的方子——五味消毒饮。当时正值瘟病盛行，很多大人、孩子体内有热毒，皮肤上长疹子。有红丝疔，长在手掌和骨关节间，严重的能危及生命；还有暗疔，表面坚硬肿胀但还没有冒头，人头晕呕吐，一会儿觉得冷，一会儿觉得热。这类瘟病初起的时候还用不到五味消毒饮，但等到病势严重了，医生们就会用上这剂妙方。

金银花是五味消毒饮的主药，也叫君药，主要起清热解毒、消肿散痈的功效。同学们可别小瞧金银花，每到瘟疫肆虐时，总能见到它的身影。大家可以上网查一查，看看金银花都在哪些“战疫”中打过胜仗。

金银花因何而得名？

《医宗金鉴》有什么值得称道的地方？